Anselme Polycarpe Batbie

La Question des Salaires et des Grèves

Essai

ISBN : 978-1717390356

10 9 8 7 6 5 4 3 2 1

Anselme Polycarpe Batbie

La Question des Salaires et des Grèves

Essai

Table de Matières

Introduction

La question des rapports entre le capital et le travail touche à tant d'intérêts si divers à la fois et si respectables, que la société tout entière prête une oreille inquiète au moindre débat qui s'élève entre patrons et ouvriers, même dans la plus obscure industrie. Il ne faut pas s'en étonner : depuis plus de trente ans, toutes les fois que, par un chômage imprévu, ce problème vital a été posé, on a vu éclater d'un côté des convoitises immodérées, de l'autre des frayeurs excessives et de toutes parts des passions violentes, malheureusement exploitées avec une impitoyable habileté par les factions politiques. L'avenir ressemblera-t-il au passé ? La loi nouvelle qui permet les coalitions pacifiques aura-t-elle pour effet de dégager dans ces conflits la responsabilité des pouvoirs publics ? En d'autres termes, s'accoutumera-t-on à l'idée que l'état ne doit à personne rien de plus que la liberté ? Pendant les dernières grèves, les ouvriers ont manifesté l'intention de se borner à la discussion de leurs affaires, et dans leurs réunions nombreuses le calme avec lequel ils ont délibéré prouve qu'ils n'ont pas le dessein de laisser les coalitions dégénérer en mouvements révolutionnaires.

Il s'en faut de beaucoup cependant que l'ordre qui a présidé à ces conférences des ouvriers ait rétabli la confiance parmi les patrons. Tel est même le trouble causé par la simultanéité des grèves que plus d'un capitaliste voit dans cette apparente tranquillité un symptôme plus redoutable que ne le serait un désordre violent. Une crise aiguë n'est à leurs yeux qu'un mal facile à réprimer dans un pays où le gouvernement est assez fort pour faire exécuter les lois ; mais une erreur systématique et poursuivie avec obstination leur semble un mal incurable. Aussi sont-ils moins effrayés par les cris, les menaces et les voies de fait de Roubaix que par les résolutions pacifiques des coalisés de Paris. L'émeute n'est, dans leur opinion, qu'un accès de fièvre passager, tandis que l'action de l'erreur, lente, patiente, réfléchie, presque incessante, est une perturbation constitutionnelle de l'industrie.

Le moment est-il bien choisi pour faire entendre une voix impartiale au milieu de l'émotion publique ? La vérité sera-t-elle écoutée dans ce conflit bruyant des passions soulevées par les intérêts ? Peut-être, dira-t-on, serait-il sage de se taire et d'attendre une époque moins orageuse ? Tel n'est pas notre avis ; l'économie politique ayant conquis une place incontestée parmi les sciences, c'est un devoir pour ceux qui l'enseignent d'analyser les phénomènes économiques au moment même où l'observation en est facilitée par l'éclat des faits. Il y a aussi avantage à traiter les questions lorsqu'elles occupent l'attention de tous, car cette préoccupation du public donne à l'écrivain la certitude que ses réflexions ne tomberont pas sur des esprits distraits. Les économistes d'ailleurs ne sont pas d'accord sur la nature du salaire, non plus que sur les effets des coalitions ; des discussions récentes ont accusé des divergences d'opinion profondes entre des écrivains qu'on croyait appartenir à la même école. Certains socialistes qui passaient pour ralliés aux doctrines de Turgot et d'Adam Smith, mais qui avaient caché et non brûlé leur premier drapeau, l'ont retiré tout à coup de la poudre sanglante de 1848, et l'agitent au-dessus des sociétés coopératives. D'un autre côté, le parti de la réglementation, qu'on pouvait croire vaincu, se relève au milieu des embarras qu'éprouve la liberté, se vantant d'avoir tout prévu et attribuant les maux dont nous souffrons à l'abandon de ses procédés restrictifs. Que d'erreurs à rectifier ! que d'exagérations à réduire ! que de vaines terreurs à dissiper ! que d'espérances chimériques à ramener du rêve à la réalité ! Nous aurons d'abord à éclaircir la notion du salaire, afin de savoir si en effet il crée à l'ouvrier, comme on l'a prétendu, une situation inférieure dans notre ordre social ; cela nous conduira à étudier les sociétés coopératives, au moyen desquelles on s'imagine qu'on fera disparaître le salaire, et qu'on transformera de fond en comble notre organisation industrielle ; la vérité rétablie sur ces points, il nous faudra examiner dans son principe et ses effets la loi nouvelle sur les coalitions, et, après avoir signalé ce qu'elle a de juste et en même temps l'abus redoutable qu'on en peut faire, nous indiquerons le moyen qui, à notre avis, la rendrait à la fois moins périlleuse et plus efficace.

Section I

D'après une école aujourd'hui fort nombreuse, — elle a pour adhérents la plus grande partie des ouvriers urbains, — le salaire fixe au jour, à la semaine, au mois, à l'année, n'est pas le mode définitif de la rémunération du travail. A l'en croire, il faudrait le considérer comme la dernière étape de cette longue marche qui a commencé par l'esclavage, continué par le servage et fini par l'amère indépendance de l'ouvrier moderne. Entre le point de départ et le point d'arrivée, la distance est assurément bien grande, car elle est mesurée par la différence qui distingue l'homme libre et responsable de l'homme assimilé au bétail. Sans nier l'étendue de ce progrès, ceux qui attaquent le salaire demandent si le travail au jour le jour, tourmenté par la sombre inquiétude du lendemain, est la douce liberté qui commence, ou s'il n'est pas plutôt une forme de la servitude qui va finir. La coopération, avec la qualité d'associé participant aux bénéfices, serait, d'après cette école, destinée à remplacer le salaire. Au moyen de ce changement, l'ouvrier, intéressé désormais aux succès de l'entreprise, encouragé par la justice de l'énumération, cesserait de trouver le travail rebutant. Là serait l'avenir de l'industrie, l'idéal auquel devrait tendre tout effort d'organisation. On n'en appelle plus à l'état, cela est vrai ? l'organisation du travail, qui, en février 1848, signifiait une forme imposée par l'autorité de la loi, est aujourd'hui comprise d'une façon plus libérale. On n'entend par là qu'un régime contractuel spontanément adopté et se développant par ses propres vertus ; si la coopération est recommandée, c'est uniquement parce qu'on y voit la base la plus équitable des relations à établir entre le capital et la main-d'œuvre. Enfin, d'après les conclusions dernières de cette école, la disparition du salaire mettra fin au prolétariat moderne, qu'elle appelle une véritable servitude de fait survivant à l'abolition de l'esclavage légal.

Pour faire évanouir ces illusions, il suffit d'analyser la notion du salaire. J'appelle salaire une somme fixée à forfait entre le patron et l'ouvrier, moyennant laquelle ce dernier abandonne sa part éventuelle dans la richesse produite par la collaboration du capital et du travail. — Que les résultats de l'entreprise soient nuls, médiocres ou importants, le salaire n'en dépend pas, et si l'ouvrier n'est pas associé aux chances heureuses, il n'a pas à s'inquiéter de la ruine de son patron. La coopération au contraire, avec participation aux bénéfices, n'est qu'une rémunération aléatoire, c'est-à-dire variable suivant le cours et l'issue de l'affaire. Nous accepterions tous, ouvriers ou non, une coopération dans une entreprise bien constituée et marchant en pleine prospérité. La même unanimité se produirait-elle, s'il s'agissait de coopérer à des affaires incertaines ? La simple probabilité du succès suffirait-elle pour attirer les ouvriers par la promesse d'un bénéfice éventuel substitué en partie à une rémunération fixe et sûre ? Des expériences faciles à vérifier ne permettent pas de le croire. L'établissement qui l'emploie est-il riche, le commis de magasin aspire à être intéressé dans la maison. S'il y a seulement doute, il ne cherche qu'à augmenter son émolument fixe. Lui offre-t-on, en ce dernier cas, la participation, il ne cache pas sa préférence pour des gages plus élevés. C'est que l'incertitude ne convient pas à tous les caractères. Si les uns, plus hardis, pour ne pas aliéner la chance d'un gain considérable, s'exposent volontiers au hasard de ne recueillir qu'un gain minime et même insuffisant, les autres, plus timides, préfèrent une somme certaine à des profits aléatoires. Toutes les fois qu'on proposera l'association à un groupe de travailleurs, j'affirme qu'il se divisera en deux parts, dont la plus nombreuse demandera que la participation aux bénéfices soit changée en une augmentation de salaire.

La femme de l'ouvrier surtout aime les ressources déterminées et connues d'avance, parce que, pour bien gouverner son ménage, elle a besoin de savoir sur quelles recettes elle peut compter. Or l'influence de la ménagère fait que l'ouvrier à la même préférence. C'est grâce à la certitude des ressources que les dépenses peuvent être conduites de façon à n'apporter aucun trouble dans l'équilibre du budget domestique. — En deux mots, la suppression du salaire n'aura lieu que le jour où tous les hommes seront assez hardis pour affronter les chances qui en peu de temps ruinent ou enrichissent les chefs d'industrie ; mais comment effacer des différences de caractères qui sont inhérentes à la nature humaine ?

Cette diversité n'est point particulière aux travailleurs ; elle se retrouve parmi les capitalistes. Les uns, entreprenants et hardis, mettent leurs fonds dans une industrie qui leur promet de gros dividendes. Le capital sera peut-être perdu ; mais la fortune aime les audacieux, et, si l'affaire réussit, l'opulence remplacera la médiocrité. D'autres au contraire, effrayés par de tels risques, évitent les placements industriels et recherchent les créances sur particuliers avec première hypothèque, les emprunts publics des gouvernements bien établis, les obligations de chemins de fer garanties par l'état ; aux gros dividendes, ils préfèrent un intérêt moindre, mais certain. Tant qu'il y aura des esprits de trempe diverse, il en sera ainsi : les uns chercheront l'intérêt fixe et les autres les dividendes.

C'est une observation devenue banale que le goût des fonctions publiques est fort répandu en France. Quelles sont les causes d'une tendance si prononcée ? Il y en a plus d'une assurément, et d'abord la vanité, l'amour du pouvoir, un goût prononcé et presque général pour les honneurs, même au prix de l'indépendance ; mais, à s'en tenir là, l'explication serait très imparfaite. Les solliciteurs considèrent aussi, quelquefois principalement, que les places donnent un revenu fixe, à l'abri de toute incertitude, sans péril autre que l'accident, d'ailleurs bien rare, de la destitution. Le traitement, tant modique soit-il, est fort estimé, surtout à cause de la facilité qu'il offre pour aligner l'actif et le passif dans l'économie domestique. La femme du fonctionnaire ne pense pas autrement que la femme de l'ouvrier, et si l'homme riche recherche les fonctions publiques pour la puissance et les honneurs, la famille du fonctionnaire sans fortune apprécie surtout dans un emploi le traitement qui la fait vivre avec sécurité.

Y aurait-il, comme on l'a souvent dit, une différence de nature entre le salaire et le traitement ? La différence est dans les mots plutôt que dans le fond des choses, et tient peut-être à des idées déjà surannées de supériorité sociale. Le travail manuel a été longtemps considéré comme servile, tandis que le moindre office public conférait, avec certains avantages honorifiques, une sorte d'indépendance. C'est pour exprimer cette inégalité aujourd'hui bien vaine que la rémunération du travail n'a pas été désignée de la même manière dans les deux cas. La distinction n'est pas d'ailleurs très ancienne, et même n'a commencé à s'établir qu'au moment où elle ne répondait plus à la réalité. On disait autrefois les gages d'un connétable, d'un sénéchal, d'un bailli, d'un grand officier de la couronne, et même aujourd'hui on appelle salaire la rémunération de plusieurs employés de l'état, spécialement celle du conservateur des hypothèques. Quoi qu'il en soit, et alors même que certains termes correspondraient à une prétention de supériorité, il n'y aurait pas moins identité de nature, au point de vue économique, entre le salaire et le traitement.

Si cette vérité a, malgré son évidence, été méconnue, c'est que les fonctionnaires qui attirent l'attention par l'importance de leur position ont souvent, indépendamment de leur place, par eux-mêmes ou par leur contrat de mariage, des ressources propres et la sécurité inhérente à là fortune acquise. On ne regarde qu'aux premiers rangs, et là est la cause de l'erreur. Que l'impression serait différente, si on étendait la vue sur la nombreuse armée des petits employés ! Ce qu'il faudrait mettre en parallèle, c'est le fonctionnaire sans fortune l'instituteur primaire par exemple, le commis aux écritures, etc., avec le contre-maître ou même, le simple ouvrier. La situation pécuniaire d'un chef d'atelier dans une grande fabrique est assurément supérieure à celle d'un sous-chef de bureau dans un ministère, et son avenir bien préférable. Souvent, pendant que le sous-chef vieillit dans son bureau en attendant une retraite qui diminuera ses ressources, le contre-maître, devenu patron, gagne une fortune. S'il est obligé de quitter sa place, l'employé de l'industrie trouvera presque toujours à s'occuper dans une autre fabrique, tandis que le fonctionnaire, s'il est destitué, aura peine à se procurer un autre emploi utile de son temps. L'expéditionnaire a-t-il par son traitement une position supérieure à celle d'un commis de magasin, d'un compositeur typographe, d'un metteur en pages ? Si, nonobstant les révolutions survenues dans l'ordre social, on accorde aux employés de l'état un peu plus de considération qu'aux auxiliaires de l'industrie, cette inégalité va tous les jours en s'affaiblissant, et d'ailleurs n'a rien de commun avec la question purement pécuniaire de la rémunération des travaux. Il reste établi en effet que le salaire, sous quelque nom qu'on le déguise, est le prix offert et consenti de toute espèce de labeur intellectuel ou corporel, soit dans l'ordre administratif, soit dans la sphère des intérêts privés. Ce qu'on appelle les honoraires du médecin n'est pas autre chose en soi qu'un salaire péniblement gagné, et pour s'en tenir à cet exemple (car on en citerait bien d'autres) considérez qu'un médecin à Paris, après douze ou quinze ans d'études et une pratique de plusieurs années, se fait à peine un revenu annuel de cinq ou six mille francs : c'est le chiffre moyen des recettes dans la catégorie de ceux qu'on appelle *médecins de quartier*. Et le médecin de campagne ! Il fait dix lieues par jour, souvent à pied, reçoit en certaines régions moins de 2 francs par visite, et après tant de travaux, tant de fatigues, tant de services rendus à l'humanité, arrive rarement à économiser le pain de sa vieillesse. Il n'est guère dans l'industrie de plus âpre et plus ingrate profession ; il n'en est point de plus respectable. Qui donc oserait dire que ce salaire incertain, marchandé, chétif, a rien de flétrissant pour la main savante et laborieuse qui le reçoit ? Qui s'avisera de chercher là quelque ombre de l'antique esclavage ? Le médecin connaissait d'avance les rudes sentiers où il s'est volontairement engagé ; il eût pu, avec son instruction, embrasser une carrière plus fructueuse ; ce n'est pas à la contrainte des lois, c'est à une généreuse vocation qu'il a obéi, et pour le genre de services qu'il rend aux hommes, on ne saurait imaginer aucune espèce d'association avec part aux bénéfices, aucun mode de rétribution qui n'eût le caractère du salaire. C'est que le salaire, au lieu d'être une dernière marque de servitude, est au contraire un des signes les plus manifestes de la liberté ; c'est qu'au lieu d'avilir, il ennoblit.

Section II

Cette question vidée, il faut se demander si l'association et la coopération doivent bien produire dans le monde industriel tous les effets qu'on en attend. Ici, je ne suis pas suspect. Je ne pourrais, sans renier mes actes et mes écrits, contester les conséquences fécondes que la coopération est capable de produire. Elle a donné ailleurs d'heureux résultats, et chez nous un plein succès a couronné plusieurs tentatives. Ce qui a réussi en Angleterre et en Allemagne n'est pas condamné à échouer en France, ce qui marche à Paris et à Lyon n'est pas impraticable à Bordeaux ou à Toulouse ; mais en prenant itérativement la responsabilité de ce que j'ai dit ou fait, je tiens à combattre les exagérations qui ont déjà compromis une idée excellente. Le principe de la société coopérative, s'il est appliqué avec prudence, aura dans certains cas et à certaines conditions le pouvoir d'améliorer le sort des ouvriers ; mais les illusions en matière d'industrie sont périlleuses, et il faut les combattre à temps pour prévenir les déceptions.

Le Français a un défaut qui tient à ses qualités les plus brillantes :

une fois qu'une idée lui a paru juste, il l'embrasse d'une telle ardeur, l'exalte avec tant d'enthousiasme, la prône avec tant de véhémence, que le public en est bientôt impatienté, et sans autre examen prend en méfiance et presque en aversion cette bruyante nouveauté. La coopération n'a point échappé à ce genre d'épreuve. Après avoir été vantée sans mesure, elle lutte contre un mouvement de réaction ; les éloges dont elle a été couverte au début ne sont plus écoutés, et l'excès de la dépression a même remplacé l'excès de la louange.

Cette malveillance, il faut le reconnaître, a été provoquée par le ton qu'a pris la propagande coopérative. En criant que le petit commerce serait ruiné par les sociétés de consommation, que les sociétés de production supprimeraient les patrons, que toutes les relations sociales allaient être changées, les partisans trop ardents de ce mode d'association ont soulevé contre lui une foule d'intérêts. Le principe en est devenu d'autant plus suspect que, dès le début, quelques hommes s'en sont emparés comme d'un instrument propre à favoriser d'autres desseins. Les partis s'en sont mêlés, et ce qui n'était qu'une question d'affaires s'est, par cette dangereuse immixtion, aisément transformé en une sorte de paradoxe à la fois politique et religieux. Les discours ont été abondants, les actes rares. En s'enflammant sur les résultats grandioses d'un chimérique avenir, les propagateurs ont oublié de mettre en pratique leur système. Le temps qui aurait été si bien employé, à conduire les premiers essais a été perdu à faire des prophéties aussi compromettantes qu'inutiles ; inutiles, parce que la valeur d'une théorie se juge uniquement d'après les résultats de la mise en œuvre ; compromettantes, parce que ces téméraires prédictions effrayaient d'abord les uns par la menace, et puis préparaient l'éloignement des autres par d'inévitables déceptions. La comparaison entre les promesses et les succès a causé plus d'une défaillance, car le découragement est aussi prompt que l'espérance est impatiente. Lorsque l'action a été tentée, le défaut de préparation s'est fait sentir. On a malheureusement, au grand préjudice de l'idée de coopération, entrepris des œuvres hâtives et mal conçues. La société de consommation, par exemple, a souvent échoué à Paris et dans les départements par des causes diverses, mais ordinairement parce qu'elle a commencé prématurément, avec un trop faible capital. La réputation des pionniers de Rochdale faisait croire que, sans se donner le temps d'acquérir des avances suffisantes, toute association coopérative devait, comme si un charme était attaché à ce mot, faire immédiatement de vastes opérations et, bien entendu, de grands bénéfices. On aurait dû savoir que les pionniers de Rochdale ont procédé avec plus de prudence, lentement, petit à petit, et qu'il leur a fallu du temps pour monter leurs beaux magasins d'épicerie et mettre en branle leurs moulins. Leur succès a été progressif et d'un caractère d'ailleurs si extraordinaire qu'il est difficile de le considérer comme normal. Tirer de cet exemple la conclusion que l'imitation n'est pas impossible, rien de mieux ; mais s'appuyer sur cette réussite étonnante pour croire à l'infaillibilité de toutes les entreprises semblables, c'est vivre dans l'utopie.

L'insuffisance du capital, dans les sociétés de consommation, a fait aussi que le gérant n'a pas toujours été bien choisi. L'exiguïté du traitement, du salaire, car il faut toujours en venir à ce mot, même dans l'organisation coopérative, a égaré le choix des associés sur des hommes mal préparés par leurs antécédents à l'exercice d'une fonction si difficile. La capacité même, lorsqu'on l'a rencontrée, pouvait-elle suppléer au défaut de ressources financières ? Avec une caisse presque vide, peu ou pas de crédit, comment avoir des magasins bien approvisionnés et en état de répondre aux demandes de la consommation ? Aussi les ménagères ont-elles facilement repris l'habitude d'aller aux boutiques qu'elles fréquentaient avant la formation de la société coopérative. L'échec était-il imputable à l'idée ? Nullement, puisque des sociétés de même nature, qui sont en pleine prospérité, permettent à leurs chalands de réaliser une économie de 20 pour 100 sur l'alimentation. Plusieurs fonctionnent à Lyon, qui procurent cet avantage aux sociétaires, et la compagnie du chemin de fer d'Orléans, dont l'exemple peut être imité par une société coopérative bien conduite, a, par cette combinaison, réellement augmenté les traitements de ses employés, en leur donnant le moyen de diminuer leurs dépenses.

De toutes les applications de la coopération, celle qui a le mieux réussi est assurément le crédit mutuel. Les succès qu'il a obtenus en Allemagne sont tellement probants qu'il est impossible de contester l'efficacité de ce genre d'établissement ; du nord au sud, vingt états germaniques en portent témoignage.[1] Pourquoi cette

---

1 Le mouvement a été tellement rapide qu'après avoir commencé obscurément dans

forme de la coopération n'a-t-elle fait encore, de ce côté-ci du Rhin, que des progrès relativement peu considérables ? C'est que les ouvriers français se sont de préférence portés vers les sociétés de production, vers celles qui doivent substituer au salaire la participation aux bénéfices. L'association pour le crédit populaire ou pour la consommation a des avantages qu'ils reconnaissent ; mais elle ne leur semble pas, comme la société de production, propre à changer l'organisation industrielle. Aussi n'accordent-ils à la première que de l'estime ; ils se passionnent pour la seconde. Tandis qu'en Angleterre la coopération a eu surtout pour objet la vente des objets de consommation, et en Allemagne la création de banques populaires, en France, les plus grands efforts ont été faits en vue de ranimer et multiplier, mais sans subvention de l'état et sans le secours de la loi, les associations ouvrières de 1848. La substitution de la libre convention à l'autorité du législateur est assurément un notable progrès. Cependant, même ainsi comprise et dégagée du socialisme autoritaire, l'association pour la production offre des difficultés qu'il faut signaler.

Elle absorbe trop l'associé dans l'œuvre commune ; elle le soumet à une discipline sévère, d'autant plus difficile à supporter peut-être qu'elle est exercée par un homme qui, la veille, était l'égal de ceux qu'il dirige. Cette dépendance est moralisante, dit-on ; elle déracine les mauvaises habitudes par le sentiment du devoir, car tout moment perdu serait une soustraction préjudiciable à l'œuvre collective. Cela est vrai ; mais cette sévérité n'est-elle pas de nature à inquiéter des âmes un peu fières ? L'association, une fois formée, ne porte-t-elle pas en elle, à cause du sentiment profond d'individualité qui fait à la fois la souffrance et l'honneur de notre espèce, un germe permanent de discorde et de dissolution ? Il est d'expérience que les fils des ouvriers engagés dans de pareils liens refusent de succéder aux droits et aux obligations de leurs parents

la petite ville de Delitsch, en 1850, il avait, quinze ans après, fait naître dans tous les états de l'Allemagne, au nord, au centre et au sud 961 sociétés, dont 515 avaient fait connaître le chiffre de leurs opérations. En 1865, d'après le dernier rapport annuel de M. Schulze, ces 515 sociétés comptaient 173,511 associés, dont l'avoir, encaisse et fonds de réserve compris, s'élevait à 18,750,427 fr. Elles avaient prêté dans l'année à leurs sociétaires environ 260 millions de francs. Nous n'avons pas en France plus de cinquante sociétés de crédit mutuel, et le mouvement qui date de 1857 s'est propagé très lentement.

dans l'association. Témoins de la sujétion qui a pesé sur leurs pères, ils désirent vivre avec plus d'indépendance. Au contraire la consommation et le crédit ne tiennent l'ouvrier que par une portion restreinte de son existence ; tout en lui procurant certains avantages de la vie collective, ils lui laissent la jouissance et la direction de sa personne, la propriété de soi-même, la spontanéité de ses résolutions, la responsabilité de ses actes. Quoique associé pour la consommation et le crédit, l'ouvrier choisit son travail, change d'industrie, s'il le veut, fait la quantité d'ouvrage qu'il lui convient de faire, en un mot il reste libre. C'est une heureuse conciliation de l'initiative personnelle avec les avantages de la vie commune. Pour la société de production, les difficultés sont telles que, de l'aveu de ses partisans les plus prononcés, elle ne peut être fondée que par des ouvriers d'élite. Le succès de quelques tentatives s'explique même communément par la qualité des associés. Or la retraite des meilleurs ouvriers dans la coopération, enlevant à l'industrie ordinaire ses auxiliaires les plus capables, réduirait le plus grand nombre des ouvriers à une condition d'infériorité irrémédiable. Privée du salutaire exemple de l'émulation qu'entretenait dans son sein la présence de compagnons habiles, intelligents, énergiques, la masse travaillerait moins bien, et verrait avec découragement baisser le prix de ses produits et bientôt le prix de la main-d'œuvre. Pût-elle se former à son tour en sociétés coopératives, chose peu vraisemblable, comme c'est entre égaux qu'on s'associe, les forts avec les forts, les faibles avec les faibles, la même inégalité subsisterait toujours entre ces sociétés, et la prospérité des unes ferait la misère et la ruine des autres. Tant qu'on respectera dans ces associations le principe de la liberté, les choses se passeront ainsi ; jamais l'homme qui estime à 10 francs par jour son apport à la communauté n'admettra au partage des bénéfices ceux dont l'apport quotidien serait du quart ou de moitié inférieur. C'est la perspective de grands bénéfices qui engendre et peut maintenir entre les travailleurs les plus habiles ces associations d'abeilles où toute personnalité s'efface. Pour y faire entrer la médiocrité, qui est le lot du plus grand nombre, il faudrait que la loi vînt faire violence à la nature, qui sait se venger et promptement de pareilles entreprises.

Donner aux ouvriers le conseil de former des sociétés de

production, c'est donc prendre une responsabilité redoutable. N'est-ce pas les pousser à des opérations d'un succès douteux ? S'il faut des hommes d'élite pour mener à bonne fin une société de fabrication, est-il sage de signaler cette combinaison comme la meilleure aux ouvriers de tous les degrés ? Qu'on accorde à ceux qui veulent s'associer une liberté entière, que pour eux on élargisse le cercle trop étroit de la légalité actuelle, soit ; il est bon que chacun fasse l'expérience de la liberté industrielle aux conditions qu'il lui plaira de choisir. N'empêchons pas d'agir ceux qui aiment à vaincre les difficultés et se plaisent dans les hasards ; mais qui observe ses actions au point de vue de la responsabilité qu'elles entraînent n'aura garde de pousser les ouvriers du côté où il y a des périls : évidents.[1]

La coopération serait-elle, comme on s'en flatte, un moyen infaillible de détruire le prolétariat ? Le prolétaire n'est pas aujourd'hui autre chose que le pauvre, et prolétariat est synonyme de misère. Il faudrait, pour la réalisation du résultat annoncé, que toute association réussît, et qu'une entreprise fût nécessairement avantageuse par cela seul qu'elle serait conduite par une société de production. Malheureusement toute affaire est aléatoire, et si la société de fabrication échoue (il faut tout prévoir), les associés seront condamnés à souffrir comme si, travaillant chez un patron, ils étaient privés du salaire par le chômage. Il y a plusieurs moyens de combattre la misère ; la participation aux bénéfices, quand bénéfice il y a en est un, et l'économie sur le prix de la journée en est un autre, moins séduisant peut-être, mais non moins efficace.

Un fait à signaler, c'est qu'à la campagne, dans les pays de métayage, le paysan cherche son émancipation dans la substitution du salaire fixe à l'association. Le colonage partiaire n'est qu'une société <u>coopérative de</u> production entre le propriétaire et le travailleur

---

1 Un homme qui a rendu en Allemagne des services incomparables à la coopération, M. Schulze-Delitsch, donne sous ce rapport un exemple qui devrait être suivi dans tous les pays. Il ne craint pas d'exposer sa popularité en signalant les difficultés de la société de production, et il recommande aux ouvriers de ne pas commencer par cette périlleuse combinaison. « Plus ils s'exerceront, dit son dernier bulletin annuel, dans les opérations relativement faciles de la société d'épargne, ou pour l'achat des matières premières, mieux ils seront préparés pour la production commune ; plus ils connaîtront ceux d'entre eux qui seront capables de se charger de la direction du commerce de la production, et moins ils seront exposés à des illusions qu'ils paieraient très cher. »

agricole. L'un fournit la terre et le cheptel, l'autre se charge de la main-d'œuvre, et la valeur des outils qu'il apporte est si minime qu'elle ajoute bien peu de chose au prix de son activité personnelle. Le produit brut est partagé par moitié ordinairement ; quelquefois, si la terre est très fertile, le propriétaire prend les deux tiers. Eh bien ! les colons, dédaignant la participation aux bénéfices, tendent chaque jour davantage à se faire employés salariés, surtout depuis que le salaire fixe a augmenté dans l'industrie rurale. Ce n'est donc pas à l'association que les ouvriers de la campagne recourent pour élever la rémunération de leur travail. A force d'économies, ils amassent la somme qui leur est nécessaire pour acquérir un champ et une vigne. Une fois assurés du pain et du vin, ils dominent le marché et fixent les conditions de leur concours. Si on leur parlait de métayage, une fois qu'ils en sont affranchis, je doute que ce langage fût de leur goût. Le salaire est préféré parce que, le jour où la rémunération n'est pas suffisante, le petit propriétaire se retire sur son champ comme sur un petit mont Aventin où il attend des offres plus favorables. Ce fait remarquable ne démontre-t-il pas que la coopération n'a aucun titre à la possession exclusive de l'avenir ? Le salaire fixe est si peu un instrument d'esclavage qu'une partie considérable de la population l'adopte pour étendre son indépendance, Que la liberté du choix soit donc entière, que la loi soit modifiée dans un sens favorable à la formation des sociétés, qu'on supprime les entraves dont notre législation est surchargée, nous applaudirons à ces changements. La liberté fera de la coopération ce que celle-ci doit et peut être, et, sans détruire ni même ébranler aucune des formes naturelles sous lesquelles s'exercent aujourd'hui les droits respectifs de la propriété et du travail, elle laissera prendre à cette forme nouvelle, mais non plus respectable que les autres, la place légitime qui lui convient dans l'ordre social. Ce sera une variété de plus, et non pas, qu'on en soit bien sûr, l'uniformité.

Section III

Si la condition de l'ouvrier salarié a pu être comparée à celle de l'affranchi qui garderait encore un anneau de sa vieille chaîne, ce n'est nullement dans le salaire pris en lui-même que résidait, comme on se l'est à tort imaginé, ce vestige irritant de l'antique servitude ; il résidait uniquement dans un article de loi tendant à prévenir les coalitions, c'est-à-dire à empêcher des hommes de même profession, souffrant des mêmes maux, ayant les mêmes besoins, de se concerter entre eux et d'unir leurs efforts pour améliorer leur situation. Cette disposition législative qui, en violant un principe de droit naturel, gênait l'essor du salaire, a donné le change aux ouvriers. Ils ont cru voir dans le salaire même, arbitrairement contenu, cette marque matérielle de servage qui n'était en effet que dans un texte du code ; mais cette fâcheuse illusion n'est plus possible depuis que la loi du 25 mai 1864 a supprimé le délit de coalition. Nous allons rechercher, au point de vue du droit et de l'économie politique, quelle est la portée des nouveaux articles 414-416 du code pénal, étude d'autant plus utile que ces articles ont été attaqués et le sont encore de différents côtés. Parmi les législateurs qui les ont votés, plusieurs ont voulu seulement faire une expérience, convaincus d'ailleurs qu'elle n'aurait d'autre effet que de montrer la sagesse de la législation précédente et d'y rallier les esprits. A leur avis, la liberté de coalition est incompatible avec les besoins permanents des grandes villes et des grandes industries. Chose bien digne d'attention, pendant que la loi était condamnée par les uns comme périlleuse, d'autres l'attaquaient comme inefficace. Pour se coaliser, disaient ces derniers, il faut pouvoir se réunir, et la réunion est soumise à l'autorisation préalable. N'est-ce pas donner et retenir ? n'est-ce pas faire une vaine concession que de consacrer un droit dont l'arbitraire peut rendre l'exercice impossible ? Les événements ont prouvé que l'objection était au moins exagérée. Si la coalition pacifique était encore un délit, le gouvernement ne pourrait, cela est certain, autoriser plusieurs milliers d'ouvriers à s'assembler pour délibérer sur leurs salaires ; mais ce qu'il n'aurait pu faire hier sans violer la loi, il peut le faire désormais de la façon la plus régulière. D'un autre côté, les réunions de moins de vingt personnes n'ont jamais été soumises au régime de l'autorisation préalable, et plus d'une fois des coalitions puissantes sont sorties d'assemblées aussi peu nombreuses. Les ouvriers d'ailleurs ne se rencontrent-ils pas tous les jours légalement à l'atelier, et, sans se mettre en contravention avec la loi du 25 mars 1852, n'ont-ils pas la facilité de se concerter à l'entrée ou au sortir de la manufacture ? On peut ajouter aujourd'hui que le projet de loi sur les réunions, envoyé au corps législatif, soumet à l'agrément préalable les *réunions politiques et religieuses*, mais non celles qui ont pour objet des intérêts privés. Les assemblées, de patrons ou d'ouvriers, si nombreuses qu'elles soient, en seront donc affranchies, tant qu'elles voudront se renfermer dans la discussion des affaires spéciales qui leur sont propres. Si donc, au moment où elle a été faite, la loi du 25 mai 1864 manquait d'efficacité (ce que nous n'admettons pas), le régime nouveau des réunions lui fera produire tous ses effets.

Ici se présente l'autre objection. La loi, pour être plus efficace n'en sera, dit-on, que plus périlleuse. Voyez à quels désordres elle a déjà ouvert la porte ! On interroge la statistique criminelle, et elle nous apprend que du 25 mai 1864 au 1er janvier 1866, c'est-à-dire dans l'espace de dix-huit mois, les tribunaux correctionnels ont eu à juger 96 délits d'atteinte à la liberté du travail ; sur 209 prévenus, 36 ont été acquittés, 147 condamnés à moins d'un an d'emprisonnement et 26 à l'amende seulement. Des 173 condamnés, il n'en est que 36 ou 1/5e qui aient obtenu le bénéfice des circonstances atténuantes. Indépendamment des délits jugés, 166 procédures ont été classées au parquet comme ne pouvant donner lieu à aucune poursuite, l'instruction ayant démontré, ou que les faits n'avaient pas assez de gravité, ou que les éléments de preuve n'étaient pas suffisants. Ces chiffres ne permettent donc pas de contester que l'exercice du droit de coalition, même alors qu'il pouvait être jusqu'à un certain point gêné et contenu par l'autorité administrative, a été très souvent accompagné de faits répréhensibles, mais franchement faut-il s'en étonner ? faut-il surtout s'en alarmer ? Quel est le droit ancien, le plus clair et le mieux éprouvé, dont l'exercice ne donne lieu à de nombreux et regrettables abus ? Ici le droit, longtemps méconnu et étouffé, faisait en quelque sorte explosion ; la loi qui venait de le consacrer n'était pas encore universellement comprise, car il faut un certain temps pour que l'esprit d'une loi nouvelle, appelée à régir d'innombrables intérêts, pénètre dans l'intelligence des masses. Les ouvriers ne sont pas généralement des jurisconsultes, et même le malheur est qu'il y en à encore beaucoup d'illettrés. Qu'un certain nombre, en apprenant qu'à l'avenir les coalitions étaient permises, se soient imaginé que la permission s'étendait à toutes les pratiques bonnes ou mauvaises des anciennes grèves, il n'y aurait pas là de quoi s'effaroucher. On devait s'y attendre, et en étudiant les affaires qui ont été jugées, il est facile de se convaincre que plusieurs délinquants étaient égarés par cette erreur ; mais à mesure que les dispositions nouvelles seront plus connues, on les observera mieux. Ce sera là le naturel et infaillible effet de ces premiers égarements qu'on impute sans réflexion à la loi même qui les réprime. En voulant protéger la liberté collective des ouvriers et des patrons, c'est-à-dire en effaçant du nombre des délits « l'entente pacifique dans un intérêt commun, » le législateur de 1864 n'a point renoncé à la protection qui est due à la liberté individuelle et aux droits respectifs de chacun. il punit sévèrement toute menace, toute violence, toute manœuvre frauduleuse, toute atteinte à la liberté du travail. L'ordre public n'est donc pas désarmé, et cette statistique criminelle dont on s'effraie ne justifie pas les appréhensions qu'elle a fait naître. Sous le rapport juridique, la loi de 1864 donne à la tranquillité autant de garanties qu'on peut le désirer ; mais à un autre point de vue le problème qu'elle enferme n'est pas exempt de quelque obscurité. Des économistes ont écrit que la coalition, loin d'amener l'élévation du salaire, avait presque toujours pour dernier résultât un abaissement du prix de la main-d'œuvre. Cette idée a été développée dans un livre publié en Angleterre sous ce titre : *De l'influence des coalitions sur la baisse des salaires.* A notre avis, cela est vrai, mais quelquefois seulement, non pas toujours, et il faut déterminer la part de la vérité et de l'erreur.

Si la justice veut que les ouvriers reçoivent une rémunération suffisante de leur travail, la nature des choses demande aussi que le capitaliste obtienne un profit proportionné aux risques dont il se charge et au travail de direction qu'il donne à l'entreprise. S'il ne trouvait pas dans les bénéfices une compensation suffisante des chances auxquelles il s'expose, le capital irait féconder une industrie moins ingrate. En admettant que toutes les opérations fussent au même degré peu rémunératrices, il ne sortirait pas des caisses qui l'enferment, préférant une immobilité improductive à une activité exclusivement périlleuse. Inquiet ou menacé, le capital n'a pour se défendre qu'à s'abstenir, et, à moins de violer la liberté personnelle du détenteur, le bénéfice suffisant est le seul moyen qui puisse être employé légitimement pour attirer les fonds vers une affaire. Si donc la coalition élevait les salaires au point de supprimer les bénéfices du patron, on verrait à l'instant plusieurs maisons se fermer, et, le travail étant moins demandé, le salaire éprouverait une dépression permanente à la suite d'une hausse temporaire. Il est rare aussi que les coalitions violentes ne détruisent pas, à cause des immenses désastres qu'elles occasionnent, un certain nombre de fabriques où de nombreux ouvriers étaient employés. Ces ouvriers inoccupés encombrent le marché, et la baisse du salaire est immédiate, les maisons qui n'ont pas succombé demeurant maîtresses de la situation. C'est l'action de cette loi qui a été exprimée par Cobden sous cette forme vive : « il y a baisse lorsque deux ouvriers courent après un capitaliste, et hausse quand deux capitalistes courent après un ouvrier. » Il est donc vrai que la coalition fait quelquefois baisser le salaire, et c'est ce qui a lieu toutes les fois que, par suite d'une diminution exagérée des profits ou de l'énormité des pertes qu'elles éprouvent, des maisons arrêtent leur fabrication, et, en fermant leurs ateliers, augmentent la somme des bras disponibles. A présent que les ouvriers peuvent se réunir pour s'entendre sur leurs intérêts communs, ils ne perdront pas de vue la responsabilité qui leur incombe ; l'injustice envers le patron serait de leur part un mauvais calcul, et, poussée à outrance, la coalition aurait un effet diamétralement opposé à son but. Qu'ils mesurent bien la portée de leurs actes : le sort de leur industrie est entre leurs mains, et ils se léseraient eux-mêmes, s'ils détruisaient ou diminuaient la source où ils puisent le travail.

Les coalitions n'ont cependant pas toujours eu ce résultat ; plusieurs ont été suivies d'une hausse des salaires. A trois reprises, les ouvriers charpentiers ont, par leurs grèves, obtenu l'augmentation du prix de la journée. En 1832, ils firent porter leur salaire de 30 à 35 centimes par heure ; en 1833, de 35 à 40 centimes ; en 1845, ils obtinrent 50 centimes, ce qui fait une journée de 5 francs pour dix heures de travail. En 1862, les ouvriers typographes de Paris furent poursuivis et condamnés pour coalition ; mais leur délit, — alors c'en était un, — n'ayant été accompagné d'aucune violence, une grâce méritée arrêta l'exécution de la condamnation. Le tarif, qui datait de 1850, ne tarda pas à être mis en harmonie avec les conditions nouvelles de la vie matérielle dans la capitale. Le rapport fait au nom de la commission du corps législatif mentionne les ouvriers chapeliers de Lyon comme ayant obtenu, à la suite d'une coalition, « 35 centimes au lieu de 30 pour une façon de feutrage qui aujourd'hui se paie 50 centimes. » Les ouvriers bouchonniers dans le département du Var ont aussi fait monter de 25 centimes par mille le travail à la tâche pour la fabrication des bouchons. En Angleterre, où les coalitions violentes ont presque toujours fait baisser les salaires, des réunions pacifiques ont en 1853 amené une augmentation de 10 pour 100, et pour les ouvriers mineurs du pays de Galles l'augmentation a même atteint 15 pour 100.

Les coalitions ont également réussi toutes les fois qu'elles avaient pour motif des raisons de salubrité. Ainsi en 1854 les ouvriers fondeurs ont obtenu, à la suite d'une grève, la substitution de la fécule au poussier de charbon comme élément séparateur. Quoique ce changement fût de nature à augmenter les frais de fabrication, les patrons ont cédé aux raisons supérieures de santé et d'humanité. On a vu aussi des accords formés entre ouvriers pour obtenir un mesurage plus exact des filés ; c'était un moyen indirect d'arriver à une augmentation de salaire. Le succès d'une réclamation aussi morale n'a rien d'étonnant ; il est plutôt difficile de s'expliquer comment les patrons avaient opposé à cette demande une résistance qui rendait suspect leur procédé de mesurage.

Il résulte de ces observations que la coalition a fait tantôt baisser et tantôt hausser les salaires, suivant que les réclamations étaient ou bien ou mal fondées, suivant que les intéressés ont agi avec modération ou sans règle. L'efficacité de la loi de 1864 étant déterminée au double point de vue de l'ordre extérieur et des intérêts économiques, il reste à savoir si cette loi est en elle-même véritablement juste et opportune. Lorsqu'elle fut portée au palais du Luxembourg, M. Dupin aîné demanda que le sénat s'opposât à la promulgation au nom du droit de propriété, qu'un article de la constitution a mis sous la garde de cette assemblée. Toutes les parties d'une industrie se tiennent, disait-il ; si les ouvriers qui filent s'arrêtent, les tisseurs seront obligés de chômer par le fait d'autrui ; le chômage des tisseurs entraînera celui des imprimeurs sur étoffe, et le commerce des tissus ne marchera plus, si les métiers cessent de battre dans les manufactures. Ainsi de proche en proche la grève s'étendra comme les cercles concentriques que forme en un lac la chute d'une seule pierre. De cette répercussion des grèves résultait, selon l'orateur, l'atteinte a la liberté industrielle et par conséquent à la propriété. Il assimilait donc la propriété au travail, et confondait ces deux choses afin de persuader au sénat que la loi projetée violait un principe constitutionnel. Ce sophisme a ébloui quelques esprits, et il n'est pas rare qu'on le reproduise ; mais autant vaudrait dire, je crois, que l'avare porte atteinte à la liberté du travail parce qu'il ne consomme pas, et que sans consommation la production est impossible. Étrange abus de l'art de raisonner ! Que de fois cependant M. Dupin n'avait-il pas, soit comme avocat soit comme procureur-général, répété cette maxime : « Nul ne peut se plaindre d'être injustement lésé par l'exercice du droit d'autrui. » *Neminem lœdit qui jure suo utitur.* Toute la question se réduisait à savoir si le concert dans un intérêt commun entre patrons ou entre ouvriers est un acte que le droit naturel réprouve et que la loi positive doive frapper. Or évidemment le délit de coalition n'est qu'une création artificielle du législateur, faite contrairement à la liberté naturelle de se réunir et de s'associer. L'abrogation de la peine effaçait donc entièrement la criminalité de l'acte.

La coalition a des analogues qui peuvent en démontrer la légitimité. A certains égards, je la compare à un syndicat organisé pour arrêter les inondations ou pour faire l'assèchement d'une mine. De quoi serviraient les efforts d'un propriétaire isolé pour détourner l'eau de son champ, si elle pénétrait sur le champ du voisin ? De quelle utilité serait l'épuisement d'une mine par un exploitant, si les concessionnaires limitrophes gardaient la source qui par infiltration vient l'inonder ? A défaut d'ensemble dans les travaux, les efforts individuels seraient inutiles autant que coûteux ; les eaux, repoussées d'un côté, entreraient de l'autre ; la mine s'emplirait à mesure qu'on travaillerait à la vider. De même l'ouvrier isolé serait impuissant à obtenir une augmentation de salaire. Hors quelques cas exceptionnels, sa réclamation fût-elle juste, il serait remplacé et peut-être assez mal noté pour ne pouvoir être admis sans difficulté dans une autre fabrique. Le patron représente une force collective dont la puissance dominera toujours l'ouvrier isolé. Il est démontré par l'expérience que les réclamations en matière de salaire n'ont abouti que dans les circonstances où elles ont été présentées par les ouvriers de la même profession ou tout au moins par ceux du même atelier. On peut donc affirmer que la coalition est dans la nature des faits ; elle est surtout indispensable pour vaincre une certaine force instinctive qui tend à maintenir dans le même état les choses anciennes par la seule raison que, puisqu'elles existent, elles sont bonnes. L'individu que froisse cette résistance ne peut rien contre elle et même le plus souvent ne tente rien, car il sent qu'il aurait à combattre une coalition de préjugés dont le poids l'écraserait ; mais si, au lieu d'un individu, il y en a une multitude qui souffrent pour la même cause, la lutte devient possible, et la loi qui leur défendrait de s'associer pour cette lutte pacifique serait assurément injuste.

Les économistes ont sans doute raison de dire que les salaires, comme les prix des denrées, sont déterminés par l'offre et la demande, que le travail est cher lorsque peu de bras sont offerts, et à bon marché si la place abonde en ouvriers disponibles. Cette théorie n'est cependant pas complète, car elle néglige, comme on le voit, un des éléments du problème, la coutume. Souvent le nombre des bras augmente ou diminue sans que ce changement imprime aux salaires une modification correspondante. Les prix se maintiennent par l'habitude comme ces mouvements qu'entretient, pendant quelque temps après l'arrêt de la force motrice, la vitesse acquise. L'empire de la coutume se fait sentir aux patrons et aux ouvriers. Tantôt les premiers hésitent à réduire les salaires, craignant de paraître durs, et tantôt les seconds, pour ne pas compromettre leur situation dans l'atelier, ajournent des réclamations, légitimes. Un fabricant, s'il était seul à réduire le prix de la journée, passerait pour inhumain, soit parce qu'il aurait provoqué une baisse générale, soit au contraire parce qu'autour de lui toutes les maisons auraient conservé les anciens prix. L'entente est donc indispensable, aux patrons comme aux ouvriers pour triompher de la coutume, cette force aveugle qui maintient les salaires tantôt au-dessus et tantôt au-dessous du taux naturel. Sans accord entre les intéressés, la tentative de l'ouvrier est stérile, et celle du patron n'est pas sans péril.

Il est des industries où la coutume est d'autant plus stable qu'elle est écrite dans un règlement avec tarif, dont les articles ont jusqu'à révision la force d'un contrat. Ces remaniements de tarif ne sont pas fréquents ; on ne les fait que de loin en loin, et seulement lorsque les conditions de la vie matérielle ont éprouvé des modifications sensibles. C'est alors surtout que le concert des parties ayant le même intérêt est nécessaire pour agir sur les prix, car les résolutions individuelles, qui ne peuvent triompher d'un usage tacitement accepté, seraient à plus forte raison impuissantes contre la coutume écrite et expresse. On l'a vu lorsqu'en 1862 les typographes de Paris ont obtenu la révision des tarifs arrêtés en 1850. Entre les deux dates, le prix des subsistances avait tellement augmenté que le salaire, immobilisé et en apparence toujours le même, était devenu en réalité très inférieur, puisqu'il ne donnait plus en 1862 la même somme de jouissances domestiques qu'il pouvait procurer douze ans auparavant. Plusieurs patrons, reconnaissant cette différence, s'empressèrent d'accorder l'augmentation que demandaient leurs ouvriers. Auraient-ils fait cette concession, si une grève n'avait pas menacé d'arrêter leurs machines ?

La loi de 1864 a déjà fait naître bien des regrets parmi quelques-uns des législateurs qui l'ont votée. Les industriels lui attribuent les maux dont ils souffrent et la rendent responsable des appréhensions que leur inspire l'avenir. Ces craintes sont exagérées et ces accusations mal fondées. Écartons d'abord, comme étrangères à la question, les scènes déplorables qui dernièrement ont jeté l'épouvante dans la ville de Roubaix. Est-ce que le code pénal de 1810 avait empêché les ouvriers de Saint-Étienne de briser en 1830 les machines destinées au forage des canons et d'entrer en lutte avec la garde nationale qui voulait arrêter le désastre ? Est-ce qu'il a empêché les ouvriers de la Croix-Rousse d'occuper, en maîtres la ville de Lyon du 22 novembre au 3 décembre 1831 ? En Angleterre, pendant l'année 1853, sous une loi qui punissait sévèrement la coalition pacifique, loi qui n'a été infirmée que par le bill de 1859, les ouvriers fileurs de Preston ont fait une longue grève, terrible par les excès dont elle a été accompagnée autant que par les pertes dont elle a été suivie. Lorsqu'en 1844, dans le bassin de la Loire, les ouvriers mineurs fermèrent tous les puits et promenèrent dans les rues de Rive-de-Gier leurs compagnons récalcitrants violemment arrachés au travail, le code pénal du premier empire n'était-il pas en vigueur ? Personne cependant ne s'avisa d'imputer à la législation de 1810 des désordres dont il était si facile de voir la source dans les emportements irréfléchis de la nature humaine. Quant aux insurgés de Roubaix, les tribunaux ont plus d'un article à leur appliquer, et ce serait, — par erreur ou par système, — faire une confusion que d'attribuer à la nouvelle loi les faits qui viennent de répandre la terreur dans le département du Nord.

Je ne voudrais rien dire qui pût seulement atténuer l'horreur qu'inspirent les actes de destruction sauvage commis par un petit nombre d'ouvriers roubaisiens ; mais j'ai promis de dire toute la vérité, et après avoir exprimé mon sentiment aux rebelles je dois aussi parler sincèrement aux fabricants. Ceux-ci n'avaient-ils omis aucun des devoirs attachés à leur situation ? N'auraient-ils pas porté la peine de quelque imprudence ? Il est incontestable que l'introduction d'une machine nouvelle dans la fabrication est pour les manufacturiers un droit, et pour la société un bienfait. C'est une conquête qui prépare la libération des bras de l'homme. Puissions-nous voir le jour où le travail humain sera tout entier remplacé par des forces mécaniques sous la direction de l'intelligence !… Il est vrai aussi que, jusqu'à présent du moins, les machines, loin de diminuer la somme du travail, l'ont considérablement augmentée. L'imprimerie occupe plus d'ouvriers que l'art rudimentaire des copistes. Les anciennes messageries n'employaient pas un personnel comparable à celui des chemins de fer. En sera-t-il toujours de même dans toutes les occasions et toutes les industries ? Il y aurait là une série de phénomènes économiques à étudier ; mais c'est une étude difficile qui demanderait un travail spécial. Quoi qu'il en soit, à part quelques exceptions, ouvriers et économistes pensent que, pour les sociétés prises d'ensemble, les machines sont un progrès réel. Les sociétés et l'humanité, qui ont la durée, peuvent être patientes ; elles attendent que l'esprit d'invention ait porté tous ses fruits, et remarquent à peine le trouble passager, mais profond, que chaque découverte produit sur quelque point du territoire ou dans quelque classe de citoyens, cette perturbation étant compensée par un surcroît de prospérité générale. Les travailleurs que la machine supplante se plaignent du préjudice immédiat, et, sans nier les chances de l'avenir, gémissent sous la pression de la douleur présente. N'entend-on pas aux ambulances les cris des soldats blessés, même quand l'armée est triomphante ? A l'ouvrier qui souffre actuellement parce qu'une invention, d'ailleurs heureuse, l'a privé de son gagne-pain, il ne convient pas de répondre par des promesses à lointaine échéance, alors que peut-être il est trop âgé pour profiter des avantages futurs qu'on lui annonce. Il est à désirer que les patrons se préoccupent des souffrances temporaires qui résulteront du remplacement des bras par les machines. Qu'ils évitent les transitions brusques, car il leur est facile de prévoir à quelle époque la nouvelle machine entrera dans les ateliers. Dans cette prévision, ils peuvent et doivent avertir les ouvriers dont le concours sera bientôt inutile, congédier de préférence ceux qui ne sont pas attachés à la localité par des liens de famille, parce que la mobilité de leur situation rendra le déplacement moins douloureux ; ils doivent mettre à profit leurs nombreuses relations afin de procurer de l'emploi dans les autres fabriques ou les autres villes aux ouvriers qui seront remplacés par la machine ; enfin ils doivent remplir toutes les obligations que comporte la belle qualité de patron, car ce mot signifie *ami et protecteur*. Renvoyer instantanément une phalange d'ouvriers, c'est-à-dire les faire passer de l'aisance à l'extrême misère, c'est exercer un droit rigoureux sans le tempérer par l'accomplissement d'un devoir d'humanité. L'intérêt bien entendu est ici d'accord avec la justice pour conseiller des précautions dont l'omission peut devenir préjudiciable à tous. J'ai toujours été frappé de l'intelligence avec laquelle les manufacturiers de Mulhouse pratiquent les obligations du patronage. Ils sont véritablement les *amis* et les *protecteurs* de leurs auxiliaires. Est-ce par devoir ? est-ce par intérêt ? Ces deux mobiles ne sont pas toujours contradictoires, et puis qu'importe ? A ne considérer que le mérite des actes, la différence est grande suivant la source dont ils procèdent ; mais l'économie politique n'a pas qualité pour pénétrer dans la conscience de l'agent à travers les faits. Ce qui est nécessaire, c'est que les relations du capital et du travail soient bien comprises et, par intérêt ou par devoir, traitées avec justice.

La richesse est produite par le concours du travail avec le capital et répartie entre les deux éléments coopérateurs. Au point de vue de la production, le capitaliste et l'ouvrier ont le même intérêt, car plus la somme de richesse sera grande, et plus chacun peut espérer d'obtenir une part rémunératrice. Là se trouve véritablement la solidarité entre les patrons et les ouvriers. La relation n'est plus la même quand on vient à la répartition. Comme la somme à distribuer est déterminée, la part de l'un ne s'augmente qu'au détriment de celle de l'autre. Si le salaire s'élève, le profit diminue et réciproquement. Il en est de la répartition des richesses comme de tous les partages. Les co-partageants ont intérêt à grossir la masse partageable, et ils s'entendent jusqu'au moment de la fixation des parts. La lutte commence alors parce que chacun s'efforce d'obtenir le plus possible. Il n'y a qu'un moyen de prévenir efficacement les querelles, c'est de faire équitablement le lot de chacun. Il s'agit, non de s'oublier pour les autres, mais de ne pas s'enfermer dans la contemplation de soi-même, de ses propres besoins, de ses propres soucis, de ses propres convoitises ; il faut songer qu'on est deux et entrer un moment par la pensée dans la situation d'autrui pour en comprendre les légitimes exigences. Cette facile comparaison peut seule faire taire les passions égoïstes, car elle éveille en nous ce sentiment naturel de justice auquel il est si difficile à l'honnête homme de résister.

Il est certain que les ouvriers peuvent faire aux patrons un mal irréparable. Une coalition prolongée ne tarderait pas à causer la faillite et la destruction définitive des manufactures les plus puissantes ; il est même probable que la ruine serait d'autant plus prompte que la maison aurait plus d'importance. A leur tour, les patrons peuvent, en se coalisant, condamner les ouvriers à la misère. Cette lutte serait tellement meurtrière qu'elle est impossible. Le besoin de s'entendre est si clair pour tous les intéressés, que la transaction ne peut être que prompte. En créant un danger pour les patrons, la loi leur a donné le moyen de se défendre. Il y a là deux forces qui se font contre-poids et se corrigent réciproquement. Si elles entraient en conflit, elles amèneraient de véritables désastres ; mais l'opposition normale de deux coalitions toujours possibles doit produire un équilibre rassurant par la crainte salutaire du mal. Les guerres n'ont-elles pas été rendues moins meurtrières par le développement des moyens de destruction ? Si elles ne sont pas plus rares, ne sont-elles pas plus promptement terminées ? On peut dire aussi avec vérité que la liberté des coalitions rendra un jour les coalitions inutiles. Par quels moyens préventifs la lutte sera-t-elle empêchée ?

Au fond de tous les problèmes sociaux, il y a une question d'enseignement. Quoi d'étonnant, puisque la plupart des maux viennent de l'ignorance ? Si les rapports du capital et du travail étaient mieux connus, l'antagonisme serait rare, parce que la lumière séparerait les combattants. Les patrons commettent donc une étrange erreur lorsqu'ils traitent l'économie politique de science importune et ennemie. La propagation de cet enseignement préviendrait plus de désordres que la force n'en saurait réprimer. Malheureusement la science est un moyen qui n'agit qu'à long terme, et d'ailleurs, pour l'employer, il faut encore se débarrasser des entraves qu'opposent aux idées les plus justes la routine triomphante et l'aveuglement des intéressés. Ne trouverons-nous pas un remède dont l'effet soit plus prochain ?

D'après une opinion très répandue dans les ateliers, il faudrait rétablir les corporations afin de protéger le faible contre le fort. Cette visée est l'épouvantail des patrons, qui croient qu'une telle combinaison rendrait la coalition permanente. Les ouvriers ont à mon avis fait choix d'un mot qui ne rend pas exactement leur pensée. La corporation n'était pas, avant 1789, la réunion des ouvriers, c'était celle des maîtres privilégiés ; c'était une communauté presque fermée, dont l'entrée n'était permise qu'à certaines conditions assez nombreuses et hors de la portée du grand nombre. Le rétablissement de cet ordre de choses ferait rétrograder la liberté et menacerait l'égalité. Il y a néanmoins dans cette opinion mal formulée une part de vérité qu'il faut reconnaître. Elle a été entrevue par l'éminent avocat qui en 1862 a défendu les ouvriers typographes de Paris. Les notaires, les avoués, les agents de change, disait-il, sont représentés par des chambres ou des syndicats qui s'occupent des intérêts de tous et des droits de chacun. Cette organisation tient-elle à ce que ces professions sont de véritables corporations fermées ? Nullement ; les avocats, dont la carrière est libre, ont un conseil de discipline qui protège le droit des confrères en même temps qu'il surveille leur conduite professionnelle. Dans un grand nombre d'industries, les patrons ont créé des chambres syndicales qui sont des centres d'information et de réunion. Cette organisation est sortie naturellement des besoins de l'industrie, parce que partout où se trouvent des intéressés en grand nombre la représentation par mandataires est pour ainsi dire forcée. C'est un terme moyen entre l'ancienne corporation exclusive et l'isolement absolu. Les détails peuvent être discutés ; mais la bonté du principe est incontestable.

Créera-t-on des chambres mixtes où, comme dans les conseils de prud'hommes, les représentants des ouvriers délibéreront avec les mandataires des patrons ? Séparera-t-on au contraire les syndics du travail et ceux du capital ? Y aura-t-il autant de chambres que de professions, ou toutes les industries seront-elles représentées par une chambre unique ? Ces questions méritent assurément qu'on les soumette à une discussion approfondie. Ce débat n'est cependant que secondaire, et avant tout il s'agit de faire prévaloir l'idée générale du syndicat.

Les réclamations en matière de salaires seraient portées devant les mandataires élus par les intéressés. Celles qui offriraient un caractère sérieux trouveraient là un appui ; les prétentions folles seraient rejetées. Les délégués se garderaient d'engager légèrement leur responsabilité en soutenant des demandes excessives. D'ailleurs, si par erreur ou passion les syndics des ouvriers appuyaient des réclamations injustes, la discussion avec les délégués des patrons les ramènerait à la vérité. L'expérience des conseils de prud'hommes a prouvé que les ouvriers ne sont pas, sur leur siège, moins justes que les patrons. On dit que les délégués du travail seront les agents d'une coalition permanente : aime-t-on mieux des assemblées nombreuses et par suite toujours bruyantes ? Partout où la foule est réunie, il y a émotion souvent et quelquefois tumulte. Dans les réunions délibérantes, l'excès du nombre n'est pas favorable à la justice, et la raison triomphe plus facilement lorsque la discussion est resserrée entre quelques personnes choisies parmi les plus éclairées. Les syndicats n'émettraient d'ailleurs qu'un avis, et, comme il ne serait pas obligatoire, les intéressés pourraient refuser de s'y soumettre, s'ils le trouvaient injuste, la liberté du travail étant inconciliable avec le tarif forcé. Il faut en effet qu'un ouvrier, s'il a un mérite exceptionnel, ait le droit de stipuler un salaire élevé ; réciproquement, si un ouvrier n'est point capable de rendre la même quantité d'ouvrage qu'un travailleur de force moyenne, il y aurait injustice à imposer au patron un tarif inflexible. Est-ce à dire que l'avis du syndicat n'aura aucune utilité parce qu'il sera dépourvu du caractère impératif d'une sentence arbitrale ? Cela n'est guère probable ; quoiqu'en droit la liberté reste entière, il est certain qu'en fait l'avis des chambres syndicales pèsera d'un grand poids et aura souvent la vertu de prévenir la lutte. Les intéressés ne s'en écarteront que rarement ; s'ils refusaient de le suivre, on peut affirmer qu'aucun moyen préventif n'aurait eu en ce cas plus de succès. L'intervention des syndicats fera de la grève ce qu'elle doit être, un moyen extrême pour soutenir une prétention équitable après une infructueuse tentative de conciliation. Sans cette institution, l'industrie sera troublée par des coalitions légèrement formées, par des agitations sans but sérieux, par un bruit propre à effrayer le capital. Quant à supprimer absolument les grèves et les coalitions, il faut renoncer à cet espoir ; cet accident a toujours, et sous les lois les plus sévères, menacé les industries, Boisguillebert ne nous apprend-il pas que de son temps on avait vu des ouvriers, au nombre de sept ou huit cents, quitter leurs ateliers et condamner leurs patrons à la ruine par une abstention de deux et trois ans ? L'autorité cependant était assez bien armée sous Louis XIV ; si à cette époque il y a eu des grèves terribles, c'est qu'il n'existe aucun moyen de les empêcher. Ce qui est possible et ce qu'il faut chercher, c'est d'en réduire le nombre et d'en abréger la durée par l'organisation des syndicats.

En terminant, j'engagerai les patrons à ne pas différer jusqu'à l'explosion des grèves les modifications du salaire lorsqu'elles seront demandées avec justice. Que chaque année ils discutent la rémunération du travail avec les mandataires des ouvriers, et réalisent spontanément les améliorations nécessaires. Qu'à l'équité ils ajoutent la bienveillance. Pour s'attacher les auxiliaires, rien ne vaut mieux que la douceur et l'esprit de prévoyance. Ceux qui sauront, à force de bonne volonté, donner à l'ouvrier la sécurité de l'existence dans le travail ne trouveront qu'affection et dévouement. Ainsi l'intérêt est d'accord avec l'esprit chrétien, et le précepte à la fois simple et noble de la fraternité est aussi favorable à la prospérité des affaires qu'à la grandeur morale de ceux qui le pratiquent. La richesse sera donnée par surcroît aux hommes qui conformeront leurs actions à cette règle partie du cœur et confirmée par la raison. L'histoire a gardé le souvenir de la coalition fameuse qui fit émigrer vers l'Aventin les plébéiens de Rome ; on cite encore l'apologue des membres révoltés contre l'estomac, qui a suffi pour rendre illustre le nom de Ménénius Agrippa. N'est-il pas aisé de retourner cette fiction ? Si le centre n'envoyait pas de substance aux extrémités, la mort ne remonterait-elle pas des bras et des jambes au cœur et à l'estomac ? C'est la circulation qui entretient la vie dans le corps humain. Si le mouvement du sang ne réparait pas constamment chaque partie, la destruction de l'ensemble serait prompte. C'est aussi la circulation des richesses, par une juste rémunération de tous ceux qui ont concouru à les produire, qui donne à l'industrie sa situation normale. Elle prévient les crises comme l'action d'un sang pur chasse la maladie.

Il se fait, depuis quelques années, un mouvement profond dans les vieilles sociétés de l'Europe. Par le concours de causes diverses, au nombre desquelles il faut compter les coalitions, le salaire tend à s'élever pour se tenir au niveau des besoins que la vie moderne a créés. En même temps que ces nécessités se diversifient, le prix des denrées augmente avec celui du travail, et, par suite de cette cherté, les revenus qui autrefois suffisaient à une famille ne peur vent plus pourvoir son entretien. Aussi le nombre des oisifs diminue, et beaucoup travaillent pour accroître des ressources qui suffisaient à leurs pères pour vivre dans l'insouciance ou le plaisir. Ce redoublement d'activité enlèvera peut-être à notre société ce caractère d'élégance qui lui a donné pendant des siècles un renom si brillant ; mais s'il règne en cette société plus de justice, s'il y règne aussi dans toutes les classes plus d'aisance par suite d'une meilleure répartition des fruits du travail, nul ne regrettera un passé qui, sous des dehors brillants, cachait beaucoup de misère et de grandes injustices.

ISBN : 978-1717390356

www.ingramcontent.com/pod-product-compliance
Lightning Source LLC
Chambersburg PA
CBHW071124220526
45467CB00004B/2051